Klaus-Peter Wolf

Computergeschichten

Zeichnungen von Uli Gleis

Loewe

Die Deutsche Bibliothek – CIP-Einheitsaufnahme

Wolf, Klaus-Peter:
Leselöwen-Computergeschichten / Klaus-Peter Wolf.
Zeichn. von Uli Gleis.
– 1. Aufl. – Bindlach : Loewe, 1997
(Leselöwen)
ISBN 3-7855-2970-8

Dieses Buch ist auf chlorfrei gebleichtem Papier gedruckt.

ISBN 3-7855-2970-8 – 1. Auflage 1997
© 1997 by Loewe Verlag GmbH, Bindlach
Umschlagillustration: Uli Gleis
Satz: Leingärtner, Nabburg
Gesamtherstellung: L.E.G.O. S.P.A., Vicenza
Printed in Italy

Inhalt

Angriff der Viren

Nein, André durfte nicht an Papas Computer. André durfte nicht einmal das Zimmer betreten, in dem er stand. Es war nämlich Papas Arbeitszimmer. Dort lagen viele wichtige Papiere herum.

Mindestens zweimal pro Woche bemühte Papa sich streng auszusehen. Dann rückte er seine Brille zurecht, kniff die Augen zusammen und hob den Zeigefinger. „Mein Arbeitszimmer ist kein Spielzimmer, André! Merk dir das!"

Vielleicht zog der Computer André deshalb so magisch an. Es war, als würde er aus dem Arbeitszimmer rufen: „He, André! Komm, schalte mich ein!"

Seit Monaten hielt André stand. Dabei träumte er schon lange davon das berühmte Raketenspiel zu spielen. Sein Freund Tim hatte ihm eine Kopie des Spiels geschenkt. Eine echte Raubkopie!

Das war, bevor André diese blöde
Grippe bekam. Die Klassenkameraden
besuchten ihn nicht. Sie hatten Angst
sich anzustecken. André litt nämlich an
einem ganz gemeinen Virus.

Heute Nachmittag war Papa zu einem
wichtigen Termin weg. André war allein
zu Hause. Diesmal konnte er nicht
widerstehen. Schon saß er auf Papas
schwarzem Bürostuhl und schob das
Raketenspiel in den Diskettenschlitz.

Aber vor lauter Aufregung fiel ihm nicht mehr ein, wie man das Spiel startete. Er drückte „F 12" und „Enter", doch es half nichts.

„Fehler" stand auf dem Bildschirm. „Fehler. Fehler. Fehler."

André begann zu schwitzen. Wahllos drückte er ein paar Tasten. Der Drucker sprang an und spuckte endlose Zahlenkolonnen aus.

Da knallte unten die Haustür. Das war Papa!

Blitzschnell schaltete André den Computer aus und steckte das Raketenspiel ein. Dann rannte er in sein Zimmer und hechtete ins Bett.

Mist! Der Drucker! Das ganze Papier! Papa würde sofort merken, dass jemand an seinem Computer herumgepfuscht hatte. Kurz bevor Papa sein Arbeitszimmer betrat, huschte André durch den Flur. Unterm Schlafanzug zweiundfünfzig bedruckte Seiten.

Wohin damit?

Am besten alles unters Kopfkissen.
André schwor sich nie, nie wieder heim-
lich an Papas Computer zu spielen.

Eine Stunde später kam Papa
schniefend ins Zimmer.

„Was ist, Papa? Wirst du auch krank?"

„Nein, André. Aber wir haben einen Virus im System."

André erschrak. „Ist der Computer jetzt krank?"

Papa nickte. „Ja, so kann man es nennen."

Andrés Magen krampfte sich zusammen. Hatte er den Computer angesteckt? „Ist das schlimm?", fragte er leise.

Papa runzelte die Stirn. „Sehr schlimm! Ich komme nicht an meine Zahlen. All die Arbeit der letzten Wochen. Umsonst! Wie werde ich dastehen bei unserer wichtigsten Geschäftsbesprechung der letzten Jahre?"

André schluckte. Geschäftsbesprechung, das auch noch!

„Ich war es, Papa", sagte er. „Ich habe deinen Computer angesteckt. Beim Spielen habe ich ihn angehustet. Dabei müssen meine Viren …"

„Du warst an *meinem* Computer?"

„Ja, Papa", gab André kleinlaut zu. „Das Spiel funktionierte aber gar nicht. Nur der Drucker sprang an und spuckte die Seiten hier aus."

André zog die Papiere unter dem Kopfkissen hervor.

Er bekam keinen Ärger. Im Gegenteil. Papa riss ihm die Papiere aus der Hand. Er küsste erst die Papiere, dann André und schließlich wieder die Papiere. „Ich bin gerettet!", rief er. „Gerettet!"

„Ich werd's auch bestimmt nie wieder tun", sagte André.

Doch Papa grinste nur.

„Von jetzt an", versprach er, „sollst du lernen, wie man mit dem Computer richtig umgeht. Ich werde dir alles erklären, was ich kann. Aber vorher musst du unbedingt zeigen, was du gemacht hast, bevor der Drucker diese Papiere ausgespuckt hat."

„Na klar!", sagte André. „Das war doch kinderleicht."

Der Ritt durch die Wüste

Moni liebte Kamele. Seit sie im Urlaub in Tunesien auf einem geritten war, wünschte sie sich kein Pferd mehr, sondern ein Kamel. Sie besaß sogar eins. Otto hieß es und war fast so groß wie sie.

Aber es war leider nur aus Stoff.

Moni schleppte Otto ständig mit sich herum. Sie nahm ihn mit ins Bett und kuschelte sich beim Einschlafen an seinen Hals. Beim Fernsehgucken saß sie zwischen den Höckern und träumte

davon auf Otto durch die Wüste zu
reiten.

Sogar ihre Schularbeiten machte Moni
auf dem Kamelrücken. Dabei legte sie
ihre Hefte auf den vorderen Höcker. So
ein Kamel ist ein prima Bürostuhl.

Was für Moni Kamele waren, das waren
für ihren großen Bruder Kai Computer.

Moni fand Computer todlangweilig. Bis
Kai seiner Schwester ein ganz besonderes
Computerspiel schenkte. Es hieß „Ritt
durch die Wüste". Auf der farbigen Hülle
saß eine Prinzessin mit wehendem Turban
auf dem Rücken ihres Kamels. Sie wurde
von schwarzen Männern mit Lassos
verfolgt. Die Prinzessin musste sich durch
die Wüste zu einer Oase durchschlagen.

Dort wartete der mächtige Scheich Omar auf sie, ihr Vater.

Mit dem Joystick dirigierte Moni die Prinzessin auf dem Kamel. Die schwarzen Männer lauerten hinter Sandhügeln oder Kakteen. Wenn die Prinzessin in ihre Nähe kam, warfen sie ihre Lassos. Dann musste sich die Prinzessin zwischen die Höcker ihres Kamels ducken um nicht erwischt zu werden. Moni konnte das Kamel auch nach links oder rechts springen lassen. Sie war dabei sehr geschickt.

Kai staunte. „Ja! Ja! Weiter so! Gleich bist du in der Oase."

„Und was passiert dann?"

„Dann kommst du ins nächste Level. Da geht alles noch schneller. Dafür kriegst du einen Säbel, mit dem du die Lassos durchschneiden kannst."

Ein schwarzer Mann stand plötzlich wie aus dem Nichts vor der Prinzessin.

„Vorsicht! Duck dich!", rief Kai.

Moni ließ das Kamel auf die Hinterbeine steigen. „Uff. Geschafft."

Mit einer Hand hielt Moni Ottos Ohren

fest. In der anderen bekam sie fast einen Krampf, weil sie damit den Joystick bediente. Immer schneller musste sie reagieren. Jetzt war sie kurz vor der Oase. Da flog ein Lasso durch die Luft. Die Öffnung schwebte direkt auf sie zu. Moni ließ das Kamel nach rechts springen und duckte sich. Doch dann spürte sie, wie sich das Seil um ihre Schultern stramm zog.

„He! Was soll das … Was ist …" Der schwarze Mann zerrte am anderen Ende.

Moni stürzte vom Kamel. Sie wollte nach dem Joystick greifen, doch der war plötzlich sehr weit weg. Dafür war die Oase ganz nah. Moni stand mitten in der Wüste. Mit einem Lasso gefesselt!

„Moni! Moni? Wo bist du?", rief Kai.

Moni sah Kai durch die Scheibe wie in einem Aquarium. Er hob Otto auf und stellte ihn wieder gerade hin. Sie schrie: „Kai! Kai! Ich bin hier! Der schwarze Mann hat mich gefangen!"

Kais Gesicht erschien ganz nah vor dem Bildschirm. „Na, Moni, hat er dich erwischt?" Er schüttelte den Kopf. „Typisch Moni, kaum klappt mal etwas nicht, schon gibt sie auf und rennt weg." Er nahm den Joystick. „Moni, komm, ich zeig' dir, wie du aus der Lage wieder herauskommst. Du musst das Schwert aus der Oase holen, dann kannst du dich befreien."

„Du hast leicht reden!", kreischte Moni. „Ich bin hier drin und kann mich nicht bewegen. Ich bin gefesselt!"

Kai hörte sie nicht. Er drückte auf den Joystick und Moni flog plötzlich nach oben. Sekunden später saß sie auf dem Rücken des Kamels. Dann ließ Kai das Kamel zur Oase traben.

Der schwarze Mann rannte hinter ihnen her. Er schwang wieder ein Lasso. Diesmal verfehlte er Moni nur knapp.

Kai bremste das Kamel vor der Oase
so hart, dass Moni herunterfiel – dem
Scheich Omar direkt vor die Füße. Er
nahm seinen Säbel und zertrennte damit
ihre Fesseln. Dann überreichte er ihr den
Säbel.

Lichter blinkten auf. *Zweites Level!!*

Kai ließ den Joystick los. „So, Moni, du
kannst weiterspielen. Alles ist wieder in
Ordnung. Jetzt hast du sogar einen
Säbel. Wo bist du denn?" Er ging aus
dem Zimmer um Moni zu suchen.

Die Fesseln waren durchtrennt. Moni musste sich erst mal hinsetzen, so erschöpft war sie. Doch der sandige Wüstenwind brannte auf ihrem Gesicht. Moni kniff die Augen zu. Als sie sie wieder öffnete, saß sie auf Otto.

Kai stand vor ihr. „Du siehst süß aus, wenn du so konzentriert spielst", lachte er. „Als ob du ganz weit weg wärst."

„Das war ich auch", sagte Moni. Zwischen ihren Zähnen knirschte es wie Sand.

Katzensprung

Die Ärztin gipste Björns rechten Arm ein.
Zwei Finger waren gebrochen. Björn
strahlte sie an.

Frau Dr. Reuter wunderte sich. „Was
strahlst du denn so?"

Björn zuckte mit den Schultern und
grinste weiter.

„Ich hatte schon viele tapfere Kinder
hier. Manche Kinder halten mehr aus als
Erwachsene. Aber so fröhlich wie du war
noch keiner. Tut es denn gar nicht weh?"

Björn nickte. „Doch." Dann schüttelte er
den Kopf. „Äh, ich meine, nein."

„Du bist ein komischer Junge. Was ist
eigentlich los mit dir?"

Björn sah sich seine eingegipste Hand
an. „Jetzt darf ich meine Hausaufgaben
bestimmt am Computer machen."

„Deshalb freust du dich so?"

„Ja. Sonst muss ich nämlich immer
alles mit der Hand schreiben. Mit einem

Füller!" Björn verzog beim Wort „Füller"
das Gesicht, als ob ihm schlecht werden
würde.

„Was hast du gegen Füller?", fragte
Frau Dr. Reuter und schrieb ein
Medikament für Björn auf.

„Benutzt man ein Fahrrad, wenn man
zum Mond will?", fragte Björn zurück.

Die Ärztin schüttelte den Kopf und
betrachtete ratlos ihren Füller.

„Wir könnten längst online durchs
Internet surfen. Stattdessen klecksen wir
mit Tinte rum wie Steinzeitmenschen."

Frau Dr. Reuter verstand nicht ganz,
was Björn meinte. Aber sie gab zu
bedenken, dass die Steinzeitmenschen
noch keine Füller hatten. „Die hämmerten
mit einem Faustkeil in Steinplatten."

Mehr Zeit hatte sie nicht für Björn. Die
anderen Patienten warteten.

Zu Hause setzte sich Björn sofort an
den Computer um den Aufsatz mit der
linken Hand zu tippen. Die Überschrift

hieß: „Als ich einmal ganz fiel Glück hatte." Björn blickte das f an und löschte es. Dann tippte er ein v ein. So: „Als ich einmal ganz viel Glück hatte."

Eigentlich wollte Björn einen Aufsatz über seinen letzten Kirmesbesuch schreiben. Er hatte mit einem Los den Hauptgewinn gezogen. Einen riesigen Löwen. Jetzt schrieb Björn einen Aufsatz über einen Fahrradunfall, bei dem er sich

zwei Finger gebrochen hatte. Das war zwar noch kein Glück. Aber wenn man bedachte, dass er von nun an seine Hausaufgaben am Computer schreiben durfte … Vielleicht gefiel es ja seiner Lehrerin. Vielleicht würde er in Zukunft immer alles am Computer schreiben …

Björn stellte sich das toll vor. Nie wieder eine Fünf für Handschrift. Nie wieder Tintenkiller oder Radiergummi.

Björn machte die Geschichte extra spannend. Zuerst schrieb er über seinen doofen Füller. Dann über sein Fahrrad, in dem jetzt leider eine Acht war. Es wurde der längste Aufsatz seines Lebens. Siebenhundertsiebenundsiebzig Wörter. Dreitausendzweihundertfünfunddreißig Buchstaben. Kurz: ganze vier Seiten.

Björns Kater Kalle lag die ganze Zeit neben Björns rechtem Arm und guckte auf den Bildschirm. Er fand es aufregend, wenn plötzlich wie aus dem Nichts Buchstaben erschienen. Er hatte nur mitgekriegt, dass eine Maus dabei eine Rolle spielte. Doch gesehen hatte er sie nie.

Stolz zeigte Björn auf seine Geschichte. „Na, Kalle, wie findest du das? Mein bester Aufsatz. Das gibt eine Eins. Wetten wir? Die erste Eins meines Lebens."

Kalle schnurrte. Dann, als Björn gerade auf „Speichern" drücken wollte, glaubte Kalle die Maus zu sehen. Er sprang hoch. Mit allen vier Pfoten landete er auf der Tastatur.

„Nein!", schrie Björn.

Erschrocken hüpfte Kalle hoch und sprang noch einmal auf die Tasten.

Björn starrte fassungslos auf den Computer. Der Text auf dem Bildschirm verschwand. Kalle verkroch sich schuldbewusst in seiner Ecke.

Björn drückte „F 12" und „Drucken" und „F 9". Dann „Zeige alles". Aber sein Aufsatz war weg. Alle siebenhundertsiebenundsiebzig Wörter. Alle dreitausendzweihundertfünfunddreißig Buchstaben.

Die ganzen vier Seiten. Einfach weg. Björn hätte heulen können.

Als er am anderen Morgen zur Schule ging, kaute er nervös auf der Unterlippe herum. Er konnte sich gut vorstellen, was er gleich hören würde: „Man macht seine Hausaufgaben auch nicht mit dem Computer. Mit dem Füller wäre dir das nicht passiert."

Björns Lehrerin hieß mit Nachnamen Nett. Und genauso war sie auch. Sie sagte nur: „Aber Björn! Mit gebrochenen Fingern braucht man doch keine Hausaufgaben zu machen." Dann strich sie sanft über Björns Haare und fragte ihn: „Willst du uns nicht erzählen, wie es passiert ist?"

Björn nickte. Er erzählte von einem Füller. Von einem Fahrrad, in dem jetzt leider eine Acht war. Von einem neuen Computer. Und von seinem Kater Kalle.

Biene und der Computermann

Sabine wurde von allen nur Biene genannt. Jeden Tag verdrückte sie mindestens drei Honigbrote. Mama hatte nichts dagegen. Sie merkte nicht einmal was davon.

Seit Papa nicht mehr da war, musste sie nämlich viel arbeiten. Zu Hause am Computer.

Was Mama da genau machte, wusste Biene nicht. Aber es dauerte auf jeden Fall viel zu lange.

Früher hatten ihr Mama und Papa abwechselnd Gutenachtgeschichten vorgelesen. Jetzt hörte Biene abends zum Einschlafen das Klack-Klack von Mamas schnellen Fingern auf der Tastatur.

Biene war richtig eifersüchtig auf den Computer. Mama lobte ihn auch noch ständig: „Ein Computer ist besser

als jeder Mann. Er erfüllt mir alle Wünsche."

Dann wieder schimpfte sie: „Ich könnte den ganzen Rechner aus dem Fenster werfen!" Diese Wutausbrüche erinnerten Biene daran, wie es zuletzt zwischen Mama und Papa gewesen war.

Heute war Mama zur Apotheke gefahren um sich Kopfschmerztabletten zu holen. Biene strich sich ein Honigbrot und schlenderte in Mamas Arbeitszimmer. Da stand er, der blöde Computer.

Am liebsten hätte Biene mit ihrem Honig-brot auf die Tastatur getropft. Sie wusste, dass Computer das gar nicht mögen. Sie hielt das Brot schon darüber. Der erste goldgelbe Tropfen fiel auf das T. Doch dann zögerte sie. Mama war schon traurig genug, weil Papa weg war. Da sollte sie nicht auch noch ihren geliebten Computer verlieren. Nein, so gemein wollte Biene nicht sein. Sie wischte den Honigtropfen schnell ab.

Da erschien auf dem Computer plötzlich eine Seite aus einem Katalog. Biene erschrak. Hatte sie etwas kaputt gemacht? Doch dann sah sie sich die Seite genauer an. Vier Teddys lachten sie an. Einer süßer als der andere. Sie verliebte sich sofort in alle vier.

„Schon morgen können diese Kuschel-teddys Ihnen gehören. Lieferung frei Haus. Drücken Sie nur J für Ja. Oder U für Umblättern."

Sollte sie „J" drücken oder nicht? Klar wollte Biene die Teddys. Was hatte Mama gesagt? „Er erfüllt mir alle Wünsche …"

Biene drückte J.

Zehn Minuten später war Mama zurück. Sie nahm gleich zwei Tabletten und

schaltete kopfschüttelnd den Computer aus. „Es geht mir wirklich schlecht. Ich habe sogar vergessen die Kiste abzustellen."

Biene merkte sich genau, wo der Knopf war. Vielleicht gab es ja noch mehr tolle Spielsachen in dem Programm.

In der Nacht konnte Biene kaum schlafen. Am anderen Morgen wachte sie schon um sieben auf, obwohl Ferien waren.

Sie konnte es kaum erwarten, bis Mama endlich einkaufen ging.

Sobald die Tür hinter ihr ins Schloss fiel, rannte Biene zum Computer und schaltete ihn ein. Sie hatte einen Plan. Wenn der Computer jeden Wunsch erfüllte und alles „frei Haus" lieferte, dann musste sie dort doch auch einen neuen Mann für Mama bestellen können.

Sie drückte immer wieder auf U für „Umblättern". Der Computer bot ihr Gardinen an, Tiefkühlpizzas, Staubsauger, Klobürsten und Brautkleider. Aber neue

Papis waren nicht dabei. Enttäuscht wollte Biene schon aufgeben. Doch dann kamen unter dem Stichwort „Herren-mode" schicke junge Männer. Einige in tollen bunten Hemden. Andere in Unter-hosen, mit knielangen Socken oder in Bademänteln.

Biene entschied sich für den Braun-haarigen mit der langen Unterhose. Der sah so witzig aus. Sie drückte auf J für Ja.

Dann schaltete sie den Computer schnell aus und ging ins Wohnzimmer.

Da klingelte es. Mama konnte das nicht sein. Die hatte einen Schlüssel.

Biene machte auf und schnappte nach Luft. Er stand vor ihr. Er brachte die vier Teddys! Gut, er sah nicht ganz so aus wie im Computer. Er stand schließlich auch nicht in langen Unterhosen vor ihr, sondern in einer braunen Uniform. Er hatte sich in der Zwischenzeit wohl auch

einen Schnurrbart stehen lassen. Aber Biene war ganz sicher: Es war der Mann aus dem Computer.

„Ist deine Mama da?", fragte er. „Sie muss hier unterschreiben."

„D… da kommt sie …", stotterte Biene und zeigte auf das klapprige rote Auto, das in der Einfahrt hielt.

Mama staunte nicht schlecht, als sie die Teddys sah. Zuerst sah sie wütend aus, doch dann lächelte sie den jungen Mann so merkwürdig an. So hatte sie Papa früher angesehen, als zwischen ihnen noch alles gut war.

Schnell erzählte Biene, wie sie den Mann aus dem Computer bestellt hatte. Er war wirklich witzig. Er lachte, bis ihm Tränen in den Augen standen. Mama war das irgendwie peinlich. Aber sie bat den Computermann auf eine Tasse Kaffee ins Haus.

Das Ganze ist jetzt fast ein Jahr her. Biene hat seitdem vier Kuschelteddys

und ihr liest auch wieder jeden Abend
jemand eine Gutenachtgeschichte vor.
Immer abwechselnd Mama und der Mann
aus dem Computer. Gegen Computer hat
Biene übrigens schon lange nichts mehr.

Die Geburtstagsüberraschung

Seit Jens laufen konnte, wünschte Papa sich einen eigenen Computer. Alle hatten schon einen. Der Nachbar, der Opa, Papas Arbeitskollegen, Mamas Putzfrau. Sogar Jens' Freund Peter. Nur Papa noch nicht.

Aber jetzt war es soweit. An seinem Geburtstag ging sein Traum in Erfüllung.

Papa führte einen Freudentanz auf. Er umarmte abwechselnd Mama und Jens. Dabei versicherte er immer wieder, das sei doch wirklich nicht nötig gewesen.

Dann öffnete er mit dem Taschen-messer vorsichtig die Verpackung. Ein Berg von Einzelteilen kam ihm entgegen. Die Gebrauchsanweisung bestand aus vier Ringbüchern. Jedes dicker als Jens' Lesebuch. Außerdem gab es einige CD-ROMs mit jeweils eigenen Anleitungs-heften.

Papa sah sich alles an. Er blätterte in dem ersten Buch herum und lachte dann selbstbewusst. „Das ist ja alles idioten-sicher. Kein Problem."

Obwohl Mama den Kopf schon im Voraus schüttelte, fragte Jens: „Darf ich dir helfen, Papa?"

Papa beugte sich zu Jens herunter und
stupste ihn mit dem Zeigefinger auf die
Nase. „Das ist noch nichts für dich, Jens.
Dafür bist du noch zu klein."

„Peter hat auch so einen Computer. Ich
weiß, wie das geht."

Papa zwinkerte Mama zu. Dann sagte
er zu Jens: „Wenn ich alles installiert
habe, spielen wir ein Spiel zusammen.
Aber lass mich jetzt erst ein bisschen in
Ruhe."

Drei Stunden später holten Mama und
Jens Papas Lieblingskuchen aus dem
Backofen. Sie steckten zweiunddreißig
Kerzen hinein. Jens durfte sie anzünden.

Mama lachte. „Langsam kommt Papa in das Alter, wo die Kerzen teurer sind als der ganze Kuchen. So, nun ruf ihn."

Jens lief die Treppe hoch und klopfte an Papas Tür. „Papa! Dein Geburtstagskuchen ist fertig. Komm runter!"

Ein mürrisches Brummen war die Antwort. Behutsam öffnete Jens die Tür einen Spalt und sah ins Zimmer. Papa kniete vor dem aufgeschraubten Computerturm zwischen heraushängenden Kabeln und aufgeklappten Büchern. Er stierte ungläubig auf das Modem und fuhr sich mit der linken Hand durch die Haare.

„Papa!"

„Hm."

„Dein Kuchen."

„Ich … ich hab' keinen Hunger."

„Du musst die Kerzen auspusten und dir etwas wünschen."

Papa stöhnte. „Muss das jetzt sein? Ich krieg' dieses blöde Modem nicht …"

Dann stand er doch auf und kam mit ins Wohnzimmer.

Es gab Papas Lieblingskuchen und er war heute besonders gut. Aber Papa baggerte ihn gedankenlos in sich hinein. Plötzlich ließ er die Gabel fallen und sprang auf. „Ich hab's!", rief er. „Na klar! Dass ich nicht gleich darauf gekommen bin!" Und schon war er wieder auf dem Weg nach oben.

Mama und Jens sahen sich an und grinsten. Dann aßen sie weiter.

„Vielleicht hätte ich ihm doch besser einen Schlips und Socken schenken

sollen, wie jedes Jahr", meinte Mama. Sie lud sich das dritte Stück Kuchen auf ihren Teller.

„Mama?", fragte Jens. „Meinst du nicht, ich sollte hochgehen und Papa helfen?"

„Versuchen kannst du's ja mal. Und ich komme mit. Das will ich sehen."

Papa sah verzweifelt aus. Er hatte Furchen auf der Stirn.

„Ich habe wirklich alles richtig gemacht, Schatz. Genau wie im Buch. Aber jetzt sagt der Kasten gar nichts mehr. Er ist völlig tot. Als ob das Ding innen leer wäre."

„Hör für heute auf", bat Mama. „Morgen ist auch noch ein Tag."

„Aber … ich hab' mir so viel Mühe gegeben … und ich wollte doch so gerne … und ich hab' jetzt wirklich alles genau nach Anleitung …"

„Papa", grinste Jens. „Ich will mich ja nicht einmischen. Ich weiß, ich bin noch zu klein dafür und habe keine Ahnung.

Aber vielleicht wäre es gut, wenn du den Stecker in die Dose stecken würdest."

Papa hechtete hin. Fassungslos hielt er den Stecker in der Hand.

„Ich … ähm … ich hab' ihn raus-gezogen, als ich den Turm aufgeschraubt habe … ich …"

Jens zwinkerte Papa zu. „Wenn du sonst noch Fragen hast …"

Gefangen im Spukschloss

Mark konnte sich auf seinen großen
Bruder Ulf verlassen. Wenn Mark ein
Computerspiel nicht starten konnte, rief
er Ulf. Wenn er aus dem Programm nicht
herauskam, rief er Ulf. Wenn der Bildschirm flackerte, rief er Ulf. Auch wenn er
bei seinen Hausaufgaben nicht weiter-
kam, rief er Ulf.

Mark war froh, dass es Ulf gab. Den großen Ulf. Aber jetzt war Ulf nicht da. Dabei brauchte Mark ihn so sehr.

Das Spiel im Computer hieß „Gefangen im Spukschloss" und war eigentlich ganz leicht. Ein dicker Bär tapste durch ein Spukschloss und suchte Schlüssel. Wenn er einen versteckten Schlüssel fand, fraß er ihn auf. Für jeden Schlüssel gab es hundert Punkte. Aber in den Gängen lauerten Gespenster. Sie versuchten dem Bären auf den Kopf zu schlagen. Wenn ihnen das gelang, spuckte der Bär den Schlüssel wieder aus. Der Bär brauchte zwanzig Schlüssel um sich aus dem Spukschloss zu befreien.

Mit dem Joystick lenkte Mark den dicken Bären. Er hatte schon achtzehn Schlüssel. Aber seit ein paar Minuten machte der Bär, was er wollte. Wenn ein Gespenst auftauchte, schlug er ihm auf den Kopf. Dann rannte er weiter. Er wurde immer schneller. Schlüssel

Nummer neunzehn. Eintausendneun-
hundert Punkte. Gleich war der Bär frei.
So weit war Mark noch nie im Spiel
gekommen.

Jetzt kam der zwanzigste Schlüssel.
Der Bär schluckte ihn. Dann begann er
plötzlich zu wachsen. Er stand auf den
Hinterbeinen und reckte den Kopf stolz
nach oben. Der Computer wackelte. Er
blähte sich auf wie ein Luftballon. Mark
hielt sich die Hände vors Gesicht.

Das Ding konnte jeden Moment platzen.
Es knirschte, rappelte und krachte.
    Dann war es plötzlich ruhig. Mark nahm
die Hände wieder runter. Der Computer
war nicht geplatzt. Er stand da wie immer.

Auf dem Bildschirm war das Spukschloss zu sehen, mit den aufgescheuchten Gespenstern in den Gängen. Nur der Bär war weg. Da brummte es aus einer Ecke des Zimmers. Der Bär! Er war so groß wie der Schrank. Er tapste zur Tür. Dann beschnüffelte er den Schlüssel und leckte mit der dicken Zunge daran. Schon hatte er den Schlüssel zwischen den Zähnen.

„Ha ... hallo, Bär!", stotterte Mark. „Was machst du hier?"

Der Bär schluckte den Schlüssel und sah sich nach Mark um. „Was ich hier mache? Ich bin Gefangener im Spukschloss. Ich muss Schlüssel sammeln, damit ich in die Freiheit komme. Versuch bloß nicht mir den Schlüssel wegzunehmen!"

Mark spürte einen Kloß im Hals.

„Das ist kein Spukschloss. Das ist unser Haus."

„Wohnst du hier?"

Mark nickte.

„Bist du ein Gespenst?"

„Nein. Ich heiße Mark."

Plötzlich hatte der Bär keine Lust mehr sich zu unterhalten. Er trottete durch die Tür zum Badezimmer. Wahrscheinlich wollte er den nächsten Schlüssel aufessen.

„Ulf!", rief Mark.

Aber Ulf war nicht da.

Mark überlegte. Was würde Ulf jetzt tun? Klar! Er würde auf „Steuerung" und „F 7" drücken. Damit konnte man den letzten Befehl rückgängig machen. Das hatte er auch getan, als neulich einmal das ganze Programm blockiert gewesen war.

Mark suchte fieberhaft die Tasten: „Steuerung. F 7. Letzter Befehl rückgängig.“

Der Computer begann zu stöhnen und fauchte wie ein Raubtier. Er wackelte und blähte sich wieder auf. Mark ging hinter dem Sofa in Deckung. Es pfiff und krachte. Dann gab es ein lautes schmatzendes Geräusch.

Endlich wurde es wieder ruhig. Als Mark hinter dem Sofa hervorkroch, war der Bär schon im Spukschloss. Die Punktzahl oben auf dem Bildschirm zeigte zweitausendzweihundert an. Alles war wie immer. Nur die Schlüssel vom Badezimmer und von Marks Tür fehlten.

Als Ulf nach Hause kam, fragte er Mark, ob irgendetwas Besonderes passiert sei.

Mark schüttelte den Kopf. „Nö, alles wie immer. Ich habe nur ein bisschen „Gefangen im Spukschloss" gespielt."

„Wie weit bist du denn gekommen?"

„Bis zweitausendzweihundert."

Ulf lachte. „Quatsch, das geht doch gar nicht. Man kann nur bis zweitausend kommen. Mehr als zwanzig Schlüssel gibt es gar nicht. Dann ist der Bär frei und das Spiel aus."

Mark grinste. Ob Ulf ihm die Geschichte glauben würde?

Klaus-Peter Wolf wurde 1954 in Gelsenkirchen geboren. Er arbeitete nach dem Abitur bei einer Lokalzeitung, organisierte ein Jugendheim und vagabundierte als zaubernder Clown kreuz und quer durch Europa. Dabei schrieb er Geschichten über sich und seine Freunde, die immer mehr Leser fanden. Heute lebt er mit seiner Frau und zwei Kindern im Westerwald. Er erhielt zahlreiche Preise für seine Bücher.

Uli Gleis wurde 1961 in Tübingen geboren. Er studierte 1980-87 Grafik-Design mit dem Schwerpunkt Illustration und Trickfilm an der Staatlichen Akademie der Bildenden Künste in Stuttgart. Seit 1984 arbeitet er als freier Illustrator und Grafik-Designer für Verlage und Werbeagenturen.

Der bunte Lesespaß